Impressum
Verlag: BABADADA GmbH, Nedderfeld 112 , 22529 Hamburg
Geschäftsführer / Verlagsleitung: Harald Hof
Druck: Books on Demand GmbH, In de Tarpen 42, 22848 Norderstedt

Imprint
Publisher: BABADADA GmbH, Nedderfeld 112 , 22529 Hamburg, Germany
Managing Director / Publishing direction: Harald Hof
Print: Books on Demand GmbH, In de Tarpen 42, 22848 Norderstedt

AF220092

shule

اسڪول

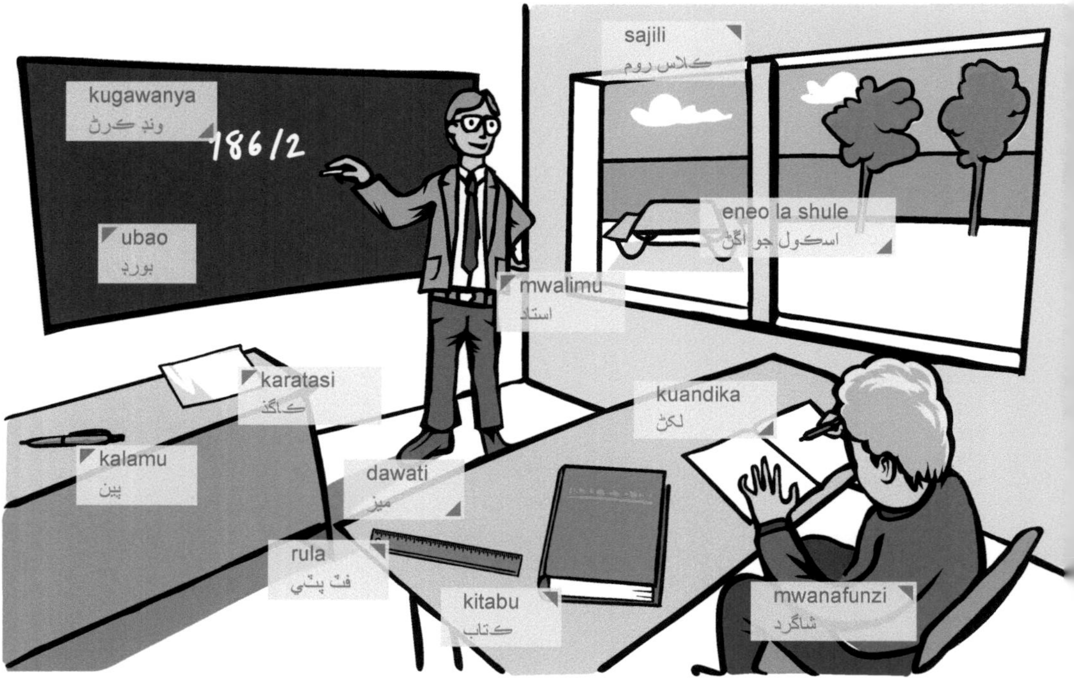

sajili
ڪلاس روم
kugawanya
ونڊ ڪرڻ
186/2
ubao
بورڊ
eneo la shule
اسڪول جو اڱڻ
mwalimu
استاد
karatasi
ڪاغذ
kuandika
لکڻ
kalamu
پين
dawati
ميز
rula
فٽ پٽي
kitabu
ڪتاب
mwanafunzi
شاگرد

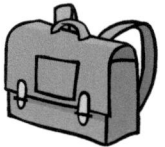

mkoba

....

بستو

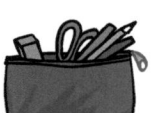

kikasha cha penseli

....

پينسل باڪس

penseli

....

پينسل

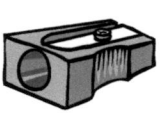

kichonga penseli

....

پينسل شارپنر

mpira

....

ربڙ

pedi ya kuchora

....

ڊرائنگ پيڊ

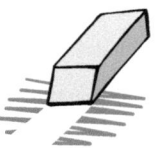

uchoraji

دراننگ

brashi ya rangi

پینٹ برش

sanduku la rangi

پینٹ باکس

mkasi

قینچي

gundi

کٹونر

daftari

مشق کرٹ واري کاپي

kazi ya nyumbani

ہوم ورک

nambari

عدد

jumlisha

جوڑ کرٹ

ondoa

کٹ کرٹ

zidisha

ضرب کرٹ

kokotoa

حساب کرٹ

barua

خط

alfabeti

الفابیٹ

neno

لفظ

maandishi

مضمون

kusoma

پڑھنا

chaki

چاک

somo

سبق

sajili

رجسٹر

uchunguzi

امتحان

cheti

سرٹیفیکیٹ

sare za shule

اسکول یونیفارم

elimu

تعلیم

elezo

انسائیکلوپیڈیا

chuo kikuu

یونیورسٹی

darubini

خوردبینی

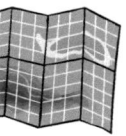

ramani

نقشہ

kikapu cha kuweka karatasi chafu

ردی جی ٹوکری

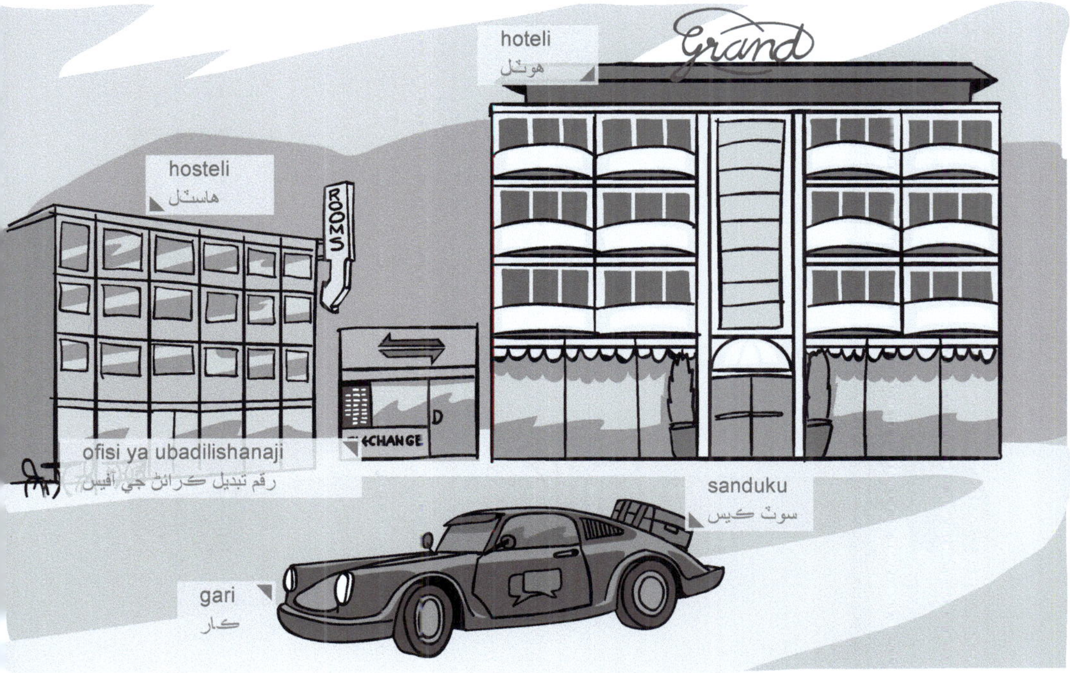

hoteli
هوتيل

Grand

hosteli
هاستل

ofisi ya ubadilishanaji
رقم تبديل كرائے جي آفيس

ECHANGE

sanduku
سوٹ كيس

gari
كار

lugha

ٻولي

ndiyo / la

ها يا نه

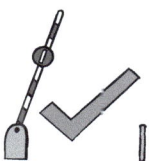

sawa

صحيح آهي

hujambo

هيلو

mtafsiri

مترجم

Asante

مهرباني

kiasi gani ni ...?

هن جي قيمت گهٽي آهي....؟

Sielewi

مون کي سمجهہ ۾ نٿو اچي

tatizo

مسئلو

Jioni njema!

گڊ ايوننگ

Habari za asubuhi!

صبح بخير

Usiku mwema!

شب خير

kwa heri

الوداع

mwelekeo

طرف

mizigo

سفري سامان

mfuko

بيگ

shanta

پويان بڌن وارو بيگ

mgeni

مهمان

chumba

ڪمرو

begi la kulalia

بستر وارو بيگ

hema

خيمو

6   **usafiri** - سفر

taarifa ya utalii

سياحت بابت معلومات

ufuo

سمندر كنارو

kadi

كريڈٹ كارڈ

kifunguakinywa

ناشتو

chakula cha mchana

لنچ

chakula cha jioni

ڈنر

tiketi

ٹكٹ

kuinua

لفٹ

muhur

مہر

mpaka

سرحد

mila

كاہگ

ubalozi

سفارتخانو

visa

ويزا

pasipoti

پاسپورٹ

ndege
هوائي جهاز

meli
سمندري جهاز

injini ya moto
باه واسائٹ واري گاڈي

basi
بس

lori
ٹرک

motaboti
موٹر بوٹ

baiskeli
سائيکل

gari
كار

feri

فيري

mashua

ببيڑي

pikipiki

موٹر سائيکل

gari la polisi

پوليس كار

gari la mashindano

ريسنگ كار

gari la kukodisha

رينٹل كار

kushiriki gari

چشنیرنگ کار

lori la kuvuta

چکڻ وارو ٹرک

ukusanyaji taka

کچري واري ٹرک

motor

کار

mafuta

فیول

kituo cha mafuta

پیٹرول اسٹیشن

ishara trafiki

ٹریفک جا نشان

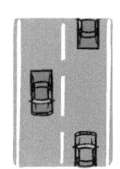

trafiki

ٹریفک

msongamɛno

ٹریفک جام

maegesho

کار پارک

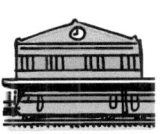

kituo cha treni

ٹرین اسٹیشن

reli

پٽڙیون

garimoshi

ٹرین

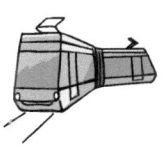

tremu

ٹرام

gari la miziɔo

ویگڻ

helikopta

هيليڪاپٽر

uwanja wa ndege

ايئرپورٽ

mnara

ٽاور

abiria

مسافر

chombo

ڪنٽينر

katoni

ڊٻو

mkokoteni

ريڙهي

kikapu

ٽوڪري

ondoka

اڏرڻ / زمين تي لهڻ

jiji

شهر

kijiji

ڳوٺ

katikati ya jiji

شهر جو مرڪز

nyumba

گهر

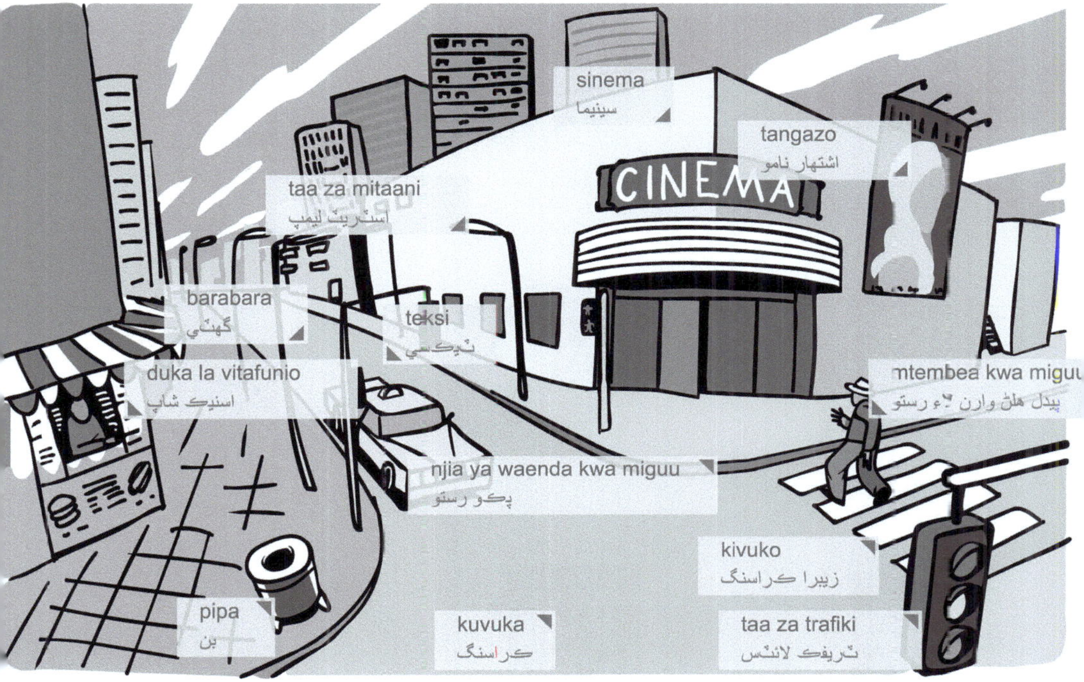

sinema — سینیما
tangazo — اشتہار نامو
taa za mitaani — اسٹریٹ لیمپ
barabara — گهٹي
teksi — ٹیکسی
duka la vitafunio — اسنیک شاپ
mtembea kwa miguu — پیدل هلن وارن ۔ء رستو
njia ya waenda kwa miguu — پکو رستو
kivuko — زیبرا کراسنگ
pipa — بن
kuvuka — کراسنگ
taa za trafiki — ٹریفک لائٹس

kibanda
جهوپڑي

gorofa
فلیٹ

kituo cha treni
ٹرین اسٹیشن

ukumbi wa mji
ٹاﺋون هال

Makavazi
عجائب گهر

shule
اسکول

chuo kikuu

يونيورسٽي

benki

بينڪ

hospitali

اسپتال

hoteli

هوٽل

duka la dawa

فارميسي

ofisi

آفس

duka la kitabu

ڪتابن جي ڪتاب

duka

دڪان

duka la maua

گلن جي دڪان

dukakuu

سپر مارڪيٽ

soko

مارڪيٽ

idara ya kuhifadhi

ڊپارٽمينٽ اسٽور

mwuza samaki

مڇي جي دڪان

kituo cha ununuzi

شاپنگ سينٽر

bandari

بندرگاهه

Hifadhi

پارک

benki

بینچ

daraja

پل

vidato

ڈاکٹ

chini ya ardhi

زیر زمین میٹرو

handaki

سرنگ

kituo cha mabasi

بس اسٹاپ

bar

شراب خانو

mgahawa

روسٹورینٹ

sanduku la posta

پوسٹ باکس

ishara ya barabara

اسٹریٹ سائن

mita ya maɛgesho

پارکنگ میٹر

bustani ya wanyama

چڑیا گھر

kidimbwi cha kuogelea

سوئمنگ پول

msikifi

مسجد

shamba

فارم

uchafuzi

آلودگی

makaburini

قبرستان

kanisa

چرچ

uwanja wa michezo

راند جو ميدان

hekalu

مندر

mazingira

زميني منظر

jani
پتو

ishara ya mwelekeo
سائن بورڊ

njia
رستو

malisho
ساوڪ واري زمين

jiwe
پٿر

mtembeaji wa masafa
پيادل هلڻ وارو هاڻيڪر

mti
وڻ

mto
دريا

nyasi
ڇٻر

ua
گل

bonde

وادي

kilima

جبل

ziwa

ڊينڊ

msitu

گل

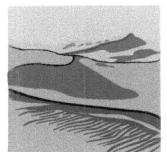

jangwa

ريگستان

volkano

آتش فشان

ngome

قلعو

upinde wa mvua

اندلٿ

uyoga

کئيي

mtende

کھجي جو وٽ

mbu

مچر

kuruka

مک

chungu

کيولي

nyuki

ماکي جي مک

buibui

مکڙي

mende

ٽَنڌڻ

chura

ڏيڏر

kuchakuro

نورينڙو

nungunungu

ڄاهو

sungura

خرگوش

bundi

چٻرو

ndege

پکي

swan

بدڪ

nguruwe mwitu

سوئر

kulungu

هرڻ

aina ya kongoni

آمريڪي هرڻ جو قسم

bwawa

ڊيم

tabo ya upepo

هوا سان هلڻ واروتُربائين

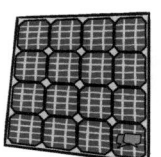

nishaji ya jua

سولر پينل

hali ya hewa

آب و هوا

mhudumu
ويٹر

menyu
كاڏي جي فهرست

kiti
كرسي

supu
سوپ

piza
پيزا

vilia
چهري كانٽا

kitambaa cha mezani
ٽيبل جو پڙو

kiamsha hamu

اسٽارٽر

kozi kuu

مين كورس

kitindamlo

كاڏي كانچوء كانٽ وارو مٺو

vinywaji

مشروب

chakula

خوراك

chupa

بوتل

chakula cha haraka

فاسٹ فوڈ

Streetfood

اسٹریٹ فوڈ

buli

ڪيٽلي

kisanduku cha sukari

شگر باؤل

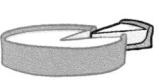

sehemu

ٽڪڙو

mashine ya espresso

ايسپريسو مشين

kiti kirefu

اونچي ڪرسي

muswada

بل

trei

ٽري

kisu

ڇهري

uma

ڪانٽو

kijiko

چمچ

kijiko cha chai

چانهن جو چمچو

nepi

سرويئٽ

glasi

گلاس

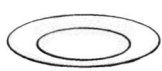

sahani

پلیٹ

sahani ya supu

سوپ پلیٹ

sufuria

ساسر

mchuzi

چٹنی

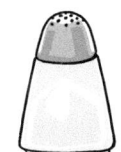

kichanyaji chumvi

نی داٹ لوٹ

kinu cha p lipili

مرچ پیسٹ والا

siki

سرکو

mafuta

کاٹو پچائٹ وارو تیل

viungo

مصالحو

kechapu

کیچ اپ

haradali

سرنرهن

kachumbari nzitc

عایونیز

dukakuu

سپر مارڪيٽ

ofa maalum
خصوصي آفر
FOR
mteja
خريدار
maziwa
ديري
matunda
فروٽ
toroli
ٽرالي

BUTCHERS

mchinjaji

گوشت جي دڪان

BAKERY

mwokaji

بيڪري

uzito

وزن ڪرڻ

mboga

سبزيون

nyama

گوشت

chakula waliohifadhiwa

جميل کاڌو

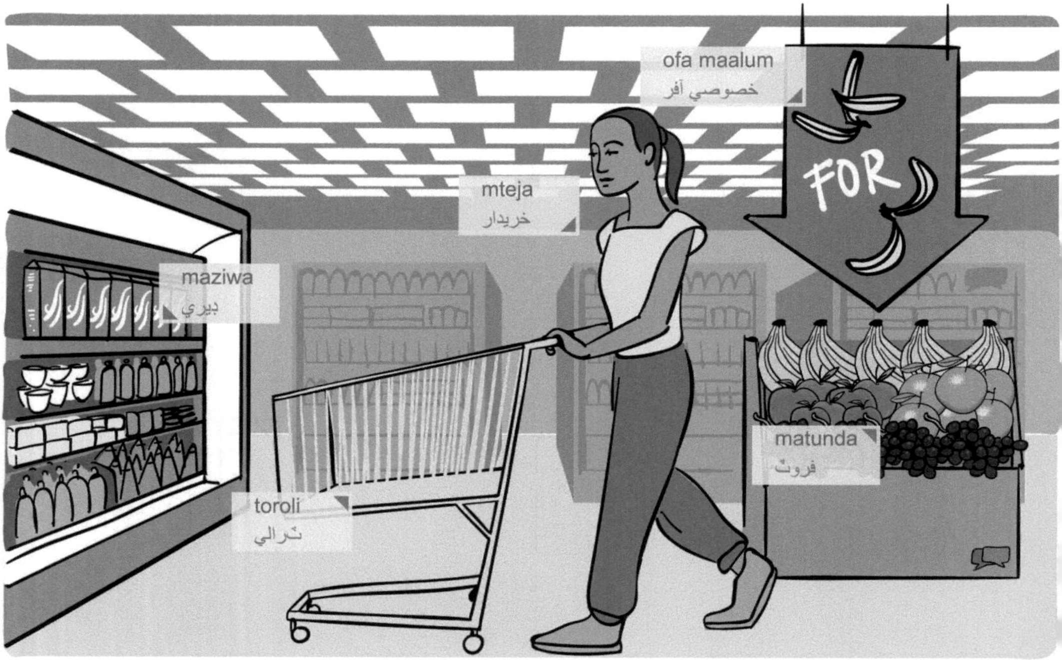

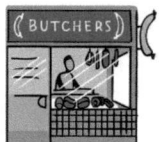

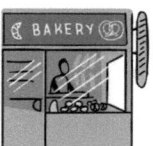

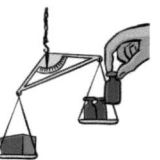

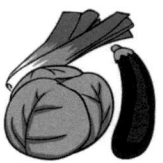

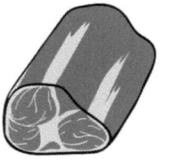

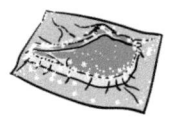

vipande vya nyama baridi

سرد گوشت

chakula cha kopo

ڈبے میں بند کھانا

sabuni ya unga

واشنگ پاؤڈر

pipi

مٹھائی

bidhaa za kaya

گھریلو سامان

bidhaa za kusafisha

صفائی کرنے والا پرابکٹس

mtu mauzo

سیلز پرسن

mpaka

کیش رجسٹر

keshia

خزانچی

orodha ya manunuzi

خریداری جي فهرست

masaa ya ufunguzi

اوقات کار

mkoba

پرس

kadi

کریڈٹ کارڈ

mfuko

بیگ

mfuko wa plastiki

پلاسٹک بیگ

maji

پاڻي

sharubati

جوس

maziwa

كير

coke

كوك

mvinyo

واٸن

bia

بيئر

pombe

الكوهل

kakao

كوكو

chai

چاٸي

kahawa

كافي

spreso

ٸيسپريسو

kapuchino

كپيٸوچينو

ndizi

كيلو

tufaha

صوف

machungwa

مالٹو

tikiti

خربوذو

lemon

ليمون

karoti

گجر

kitunguu saumu

ٹوم

mianzi

بانس

kitungu u

بصر

uyoga

كنٹي

karanga

اخروٹ، بادام

nudc

نودلز

spageti

اسپيگٽي

mpunga

چانور

saladi

سلاد

vibanzi

چپس

viazi vya kukaanga

تريل پٽاٽا

piza

پيزا

hambaga

هيم برگر

sandwichi

سينڊوچ

kipande

گوشت جو ٽڪرو

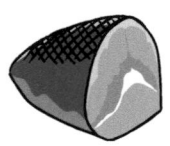

paja la mnyama

سور جي ران جو گوشت

salami

خشڪ گوشت

soseji

ساسيج

kuku

مرغي

choma

روسٽ

samaki

مڇي

oats ya uji

جو جو دلیا

muesli

میوزلي

cornflakes

کارن فلیکس

unga

اٹو

kroisanti

کرونسنٹ

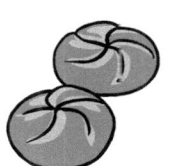

andazi

بريڈ رول

mkate

بریڈ

mkate wa kubanika

ٹوسٹ

biskuti

بسکٹ

siagi

مکنا

maziwa mgando

دهي

keki

کیک

yai

انڈا

yai kukaanga

فرائي ٹيل انڈو

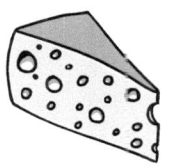

jibini

پنیر

aiskrimu

آئس كريم

sukari

كنڈ

asali

ماكي

jemu

مربو

kuenea kwa chokoleti

چاكليٹ اسپريڈ

mchuzi wa viungo

باجي

nyumba ya kilimo
فارم ھائوس

majani bale
پلال جوگندِ

ghalani
گام

lwanja
زمین

farasi
گھوڑو

trela
ٹریلر

mtoto
گھوڑي جو ٻچو

trekta
ٹريکٹر

punda
گڏھ

kondoo
رڍ

mwanakondoo
رڍ جو ٻچو

mbuzi

ٻڪري

ng'ombe

ڳئون

ndama

ڳائو

nguruwe

سؤر

mwananguruwe

سؤر جو ٻچو

fahali

ڏاڳو

batabukini

هنس

bata

بدک

kifaranga

چوزا

kuku

مرغي

jogoo

مرغو

panya

كونو

paka

بلي

panya

كونو

ng'ombe

ڈانڈ

mbwa

كتو

nyumba ya mbwa

كتي جو گهر

bomba la bustani

گارين هوز

debe la kumwagilia maji

پاڻي جو كين

fyekeo

ڈانڍو

kulima

هر

mundu

ڈاٽو

jembe

رنبو

uma wa nɣasi

ڈانداري

shoka

ڪهاڙو

toroli

هٿ سان هلائڻ واري ريڙّهي

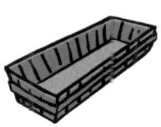

kupitia nyimbo

حوض

chombo cha maziwa

کير جو ڊٻو

gunia

ڳوڻ

ua

لوڙهو

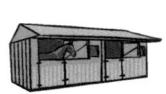

imara

اصطبل

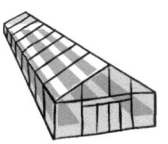

chafu

گرين هائوس

udongɔ

مٽّي

mbegu

ٻج

mbolea

کهاد

kivunɛji

ڪمبائنڊ هارويسٽر

mavuno

فصل کٹائ

mavuno

فصل کٹائ

viazi vikuu

هڪ قسم جي تركاري

ngano

کڻک

soya

سويا

viazi

پٽاٽو

mahindi

مکائي

rapa

توري جو ٻج

mti wa matunda

ميون جو وڻ

muhogo

کساوا

nafaka

اناج

nyumba
گھر

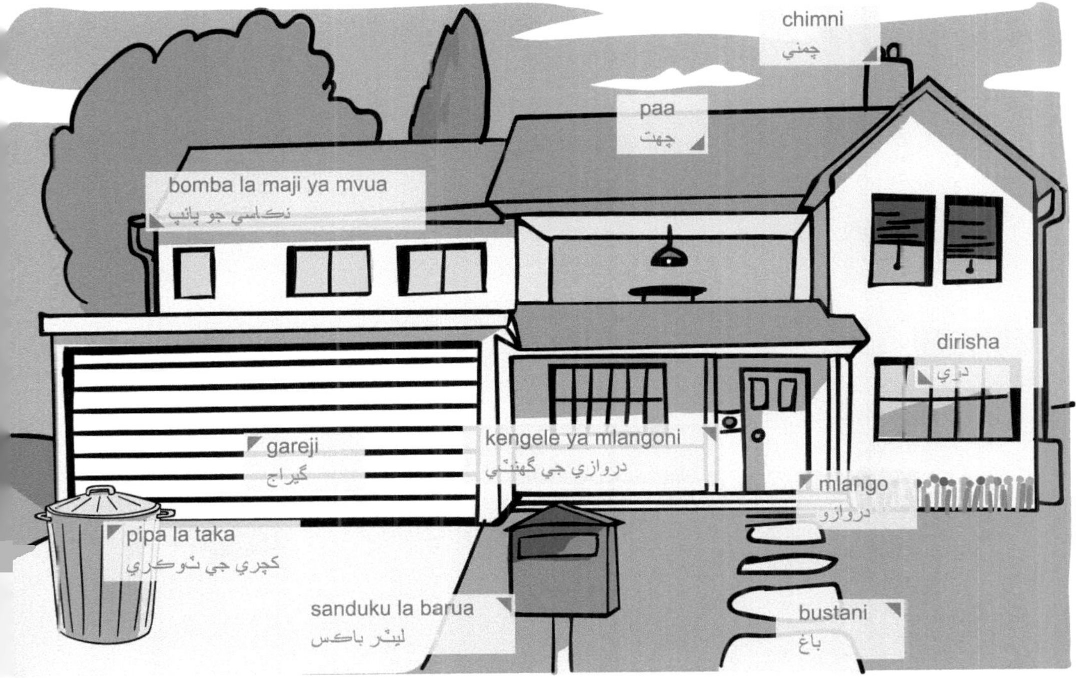
chimni
چمني
paa
ڇت
bomba la maji ya mvua
نڪاسي جو پائپ
dirisha
دري
gareji
گيراج
kengele ya mlangoni
دروازي جي گھنٽي
mlango
دروازو
pipa la taka
ڪچري جي ٽوڪري
sanduku la barua
ليٽر باڪس
bustani
باغ

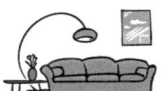

sebuleni

لوونگ روم

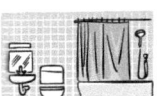

bafu

غسل خانو

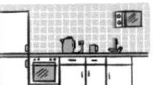

jikoni

باورچي خانو

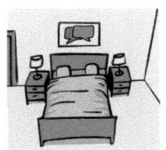

chumba cha kulala

بيڊروم

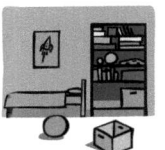

chumba ya mtoto

ٻارن جو ڪمرو

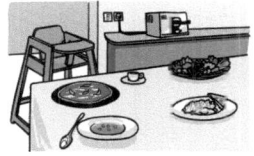

chumba cha kulia

ڊائننگ روم

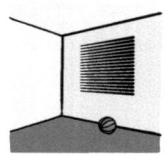

sakafu

فرش

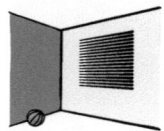

ukuta

ديوار

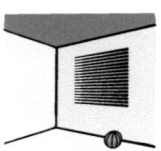

dari

چهت

pishi

تهخانو

sauna

باٹﮫ وارو غسل

roshani

بالكوني

mtaro

ٹيرس

kidimbwi

تلاؤ

mashine ya kukata nyasi

گاه كنٹ واري مشين

karatasi

چادر

kitambaa cha kupamba
kitanda

چادر

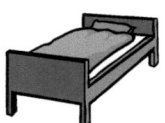

kitanda

بيڈ

ufagio

جهاڑو

ndoo

بالٹي

kubadili

سوئچ

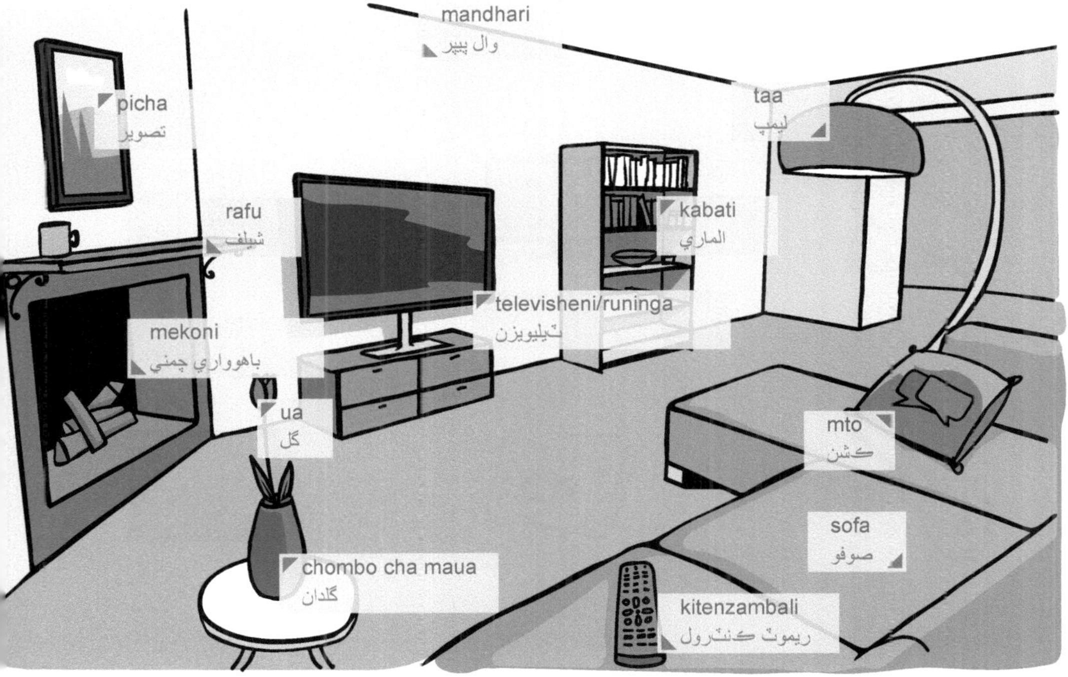

mandhari
وال پیپر

picha
تصویر

taa
لیمپ

rafu
شیلف

kabati
الماري

mekoni
باهواري چمني

televisheni/runinga
ٹیلیویزن

ua
گل

mto
کشن

sofa
صوفو

chombo cha maua
گلدان

kitenzambali
ریموٹ کنٹرول

zulia

قالین

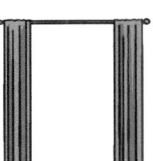

pazia

پردو

meza

میز

kiti

کرسي

kiti cha bembea

لڈن واري کرسي

armchair

آرم کرسي

kitabu

كتاب

blanketi

كمبل

mapambo

آرائش

kuni

پارٹ واريون كائيون

filamu

فلم

kifaa cha hi-fi

هائي فائي

ufunguo

چاٻي

gazeti

اخبار

uchoraji

پينٹنگ

bango

پوسٽر

redio

ريڊيو

daftari

نوٽ بڪ

kifyonza

ويڪيوم كلينر

dungusi kakati

ٿوهر جو ٻوٽو

mshumaa

ميڻ بتي

jokofu
فرج

kikanza
اوون ويو ماکرو

wadogo jikoni
کچن اسکيل

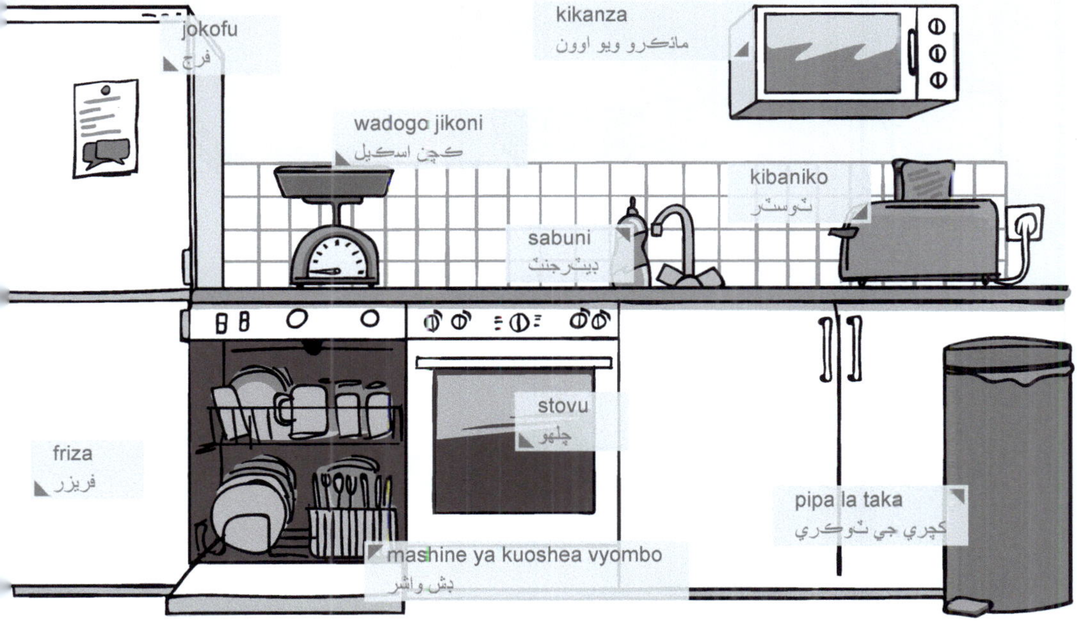

kibaniko
ٹوسٹر

sabuni
ڈیٹرجنٹ

friza
فریزر

stovu
چلہو

pipa la taka
کچري جي ٹوکري

mashine ya kuoshea vyombo
ڈش واشر

jiko la kupika

کُکر

chungu

ٹانو

sufuria ya chuma

کاسٹ آئرن جا ٹانو

wok / kadai

کڑهائي

kaango

ترٹ وارو ٹانو

birika

کيتلي

stima

استٛيمر

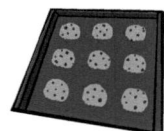

sinia ya kuoka

بيكنگ ٹٛري

vyombo vya udongo

كراكري

kombe

مگ

bakuli

پيالو

vijiti vya kulia

چاپ استٛكس

ukawa

ڈٛوئي

mwiko mpana

ٹٛفٹٛي

burashi

سبزي مكسر

kichujio

چھاٹٛي

chujio

چھاٹٛي

mbuzi

كدو كٛش وارو اوزار

chokaa

اكري

barbeque

بار بي كٛيو

moto wazi

كليل باه

ubao wa majaribio

سبزي كٹنّ وارو بورڈ

kijiti cha kusukuma unga

ويلٹ

kizibuo

كا_ك اسكريو

kopo

كين

inaweza kopo

كين اوپنر

kishikio cha chungu

ثانوَ پكڑٹ وارو كپڑو

karo

سنك

brashi

برش

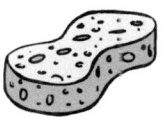

sifongo

اسفنج

kisagaji matunda

بليندر

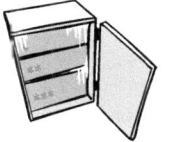

friji ya kina

ڈيپ فريزر

chupa ya mtoto

بار جي بوتل

bomba

نل

bafu

غسل خانو

joto
هیټنګ
mfereji wa kuogea
شاور
taulo
تـوال
pazia la kuogea
شاور کرټین
maji ya kuoga yenye povu
ببل باث
hodhi
باث ټب
glasi
ګلاس
mashine ya kuosha
واشنګ مشین
bomba
نل
vigae
ټائلز
poti
پاټي
karo
سنک

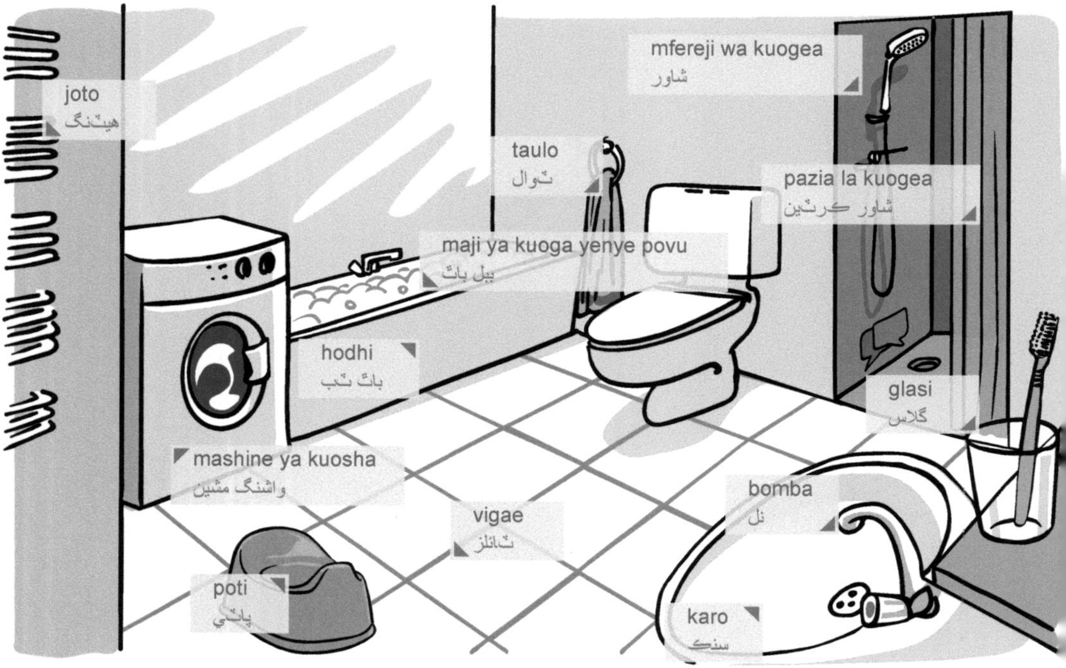

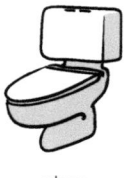

choo

ټائلټ

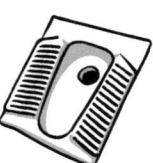

choo cha squat

اوکړو ویهڼ وارو ټوائلټ

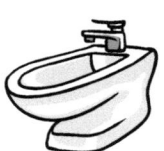

beseni la mviringo

شرم گاه ڈوئڼ وارو ټب

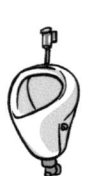

choo cha umma

پیشاب گاه

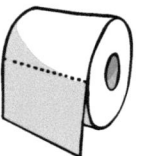

shashi

ټائلټ پیپر

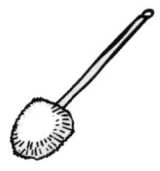

brashi ya choo

ټائلټ برش

mswaki

تۇوتھ برش

dawa ya meno

تۇوتھ پیست

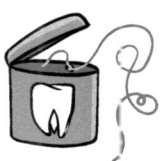

dawa ya meno

دینتل فلاس

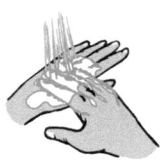

safisha

دونئ

kuoga mkono

ھینڈ شاور

msukumo wa maji

شاور

bonde

بیک برش

mpako wa pili

بیک برش

sabuni

صابین

jeli ya kuogea

شاور جیل

shampuu

شیمپو

flana

فلالین

toa maji

ڈرین

krimu

کریم

kiondoa harufu

ڈیوڈورنٹ

kioo

آئینو

kioo mkono

هٹَ م پکڑݨ وارو آئینو

kinyozi

ریزر

povu la kunyoa

شیونگ فوم

baada ya kunyoa

آفٹر شیو

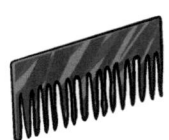

kichana

کݨّی

brashi

برش

kikausha nywele

هیئر برائیر

marashi ya nyewele

هیئر اسپرِي

vipodozi

میک اپ

kidomwa

سرخي

varnish ya msumari

نیل وارنش

pamba

کپّہ

mkasi wa kucha

نیل سیزر

manukato

پرفیوم

mkoba wa kuosha

واش بيگ

kinyesi

اسٹول

mizani

وزن کرڻ واري مشين

nguo ya kuoga

باتھ روب

glavu za mpira

ربڙ جا دستانا

kisodo

ٹيمپون

sodo

صفائي وارو ٹاول

kemikali choo

کيميائي ٹوائلٹ

chumba ya mtoto

ٻارن جو ڪمرو

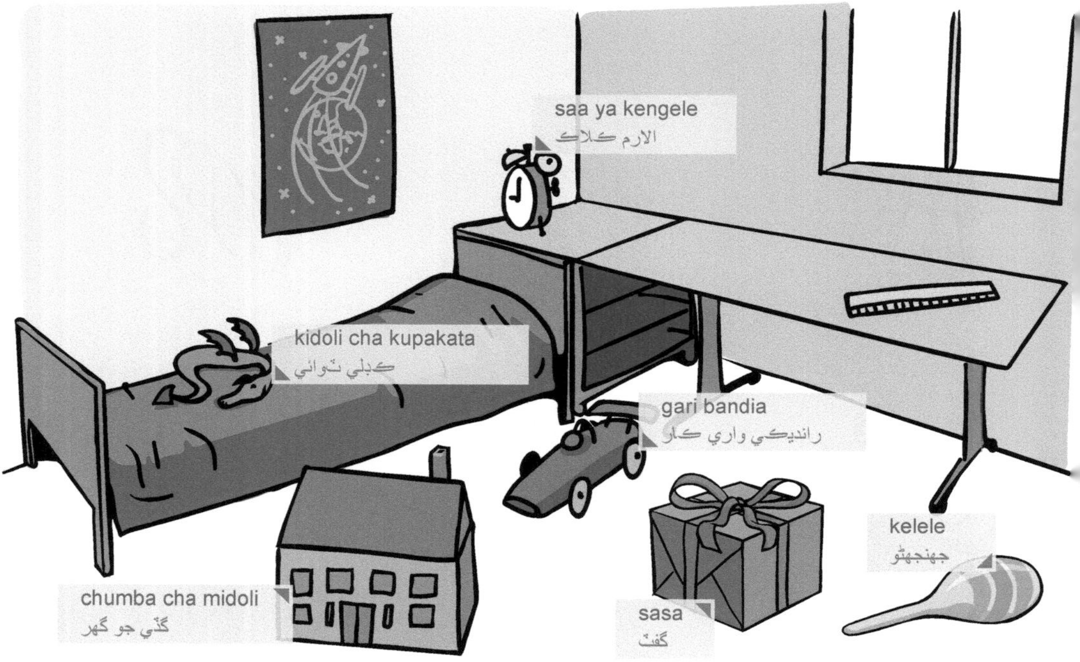
saa ya kengele
الارم ڪلاڪ
kidoli cha kupakata
ڪبلي ٽوائي
gari bandia
رانديڪي واري ڪار
chumba cha midoli
گڏي جو گهر
sasa
گفٽ
kelele
جهنجهٽو

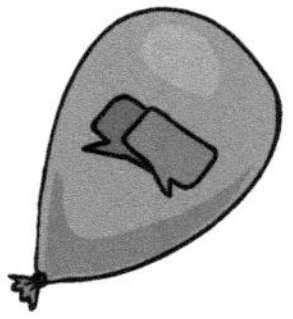

baluni

ڦوڪڻو

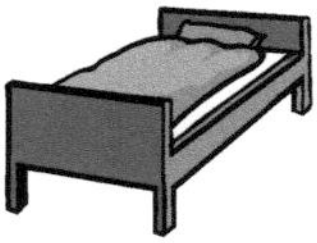

kitanda

بيڊ

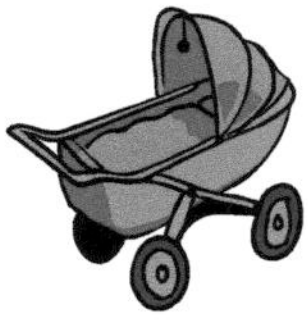

mashua

ٻار جي ڳاڏي

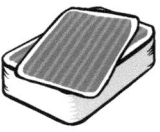

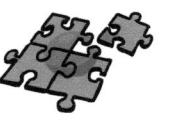

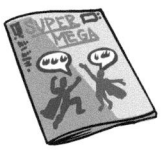

staha ya kadi

ڊيڪ آف ڪارڊز

mchezo-fumb

جگسا

SUPER
MEGA

vichekesho

ڪامڪ

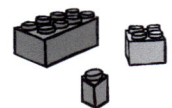

matofali lego

ليگو برگس

vitalu mwigo

رانديكن وارا بلاكس

hatua takwimu

ايكشن فگر

suti ya kulalia

بيبي گرو

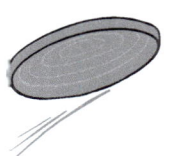

kisahani

فرسبي

simu

رانديكي واري موبائل

ubao wa michezo

بورڊ گيم

kete

چهڪو

garimoshi mwigo

ماڊل ٽئين سيٽ

dummy

ٻارن جي چوسڻ واري نپل

chama

پارتي

picha kitabu

تصوير واري كتاب

mpira

بال

kikaragosi

گڏّي

kucheza

کيڏڻ

shimo la mchanga

سينڊ پِٽ

bembea

جهولا

vitu bandia

رانديڪا

kiweko cha video ya mchezo

وڊيو گيم ڪنسول

baiskeli ya magurudumu matatu

ٽّن ڦيّڻ واري سائيڪل

mwanasesere

ٽّيڊي بيئر

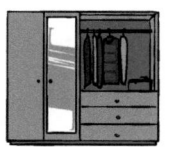

kabati

ڪپڙن جي الماري

nguo

لباس

soksi

جرابا

stokingi

اسٽاڪنگز

kibano

ٽائٽس

skafu
اسکارف

ukanda
بیلٹ

mwavuli
چھتری

fulana
ٹی شرٹ

viatu
بوٹ

ncara
چپل

wakufunzi
جاگر شُوز

malapa
سینڈل

viatu
جوتا

mabuti ya mpira
ربّر جا بوٹ

suruali ya ndani
انڈرپینٹس

sidiria
بریزر

fulana
واسکٹ

nguo - لباس

45

mwili

جسم

suruali

پتلون

dangirizi

جينز پينٹ

sketi

اسکرٹ

blauzi

چولو

shati

قميص

vuta

جرسي

sweta

ہوڈي

bleza

بليزر

jaketi

جيکٹ

koti

کوٹ

koti la mvua

بارش ﻣ پائٹ وارو کوٹ

maleba

پوشاک

gauni

لباس

mavazi ya harusi

شادي جولباس

suti

سوٽ

vazi la usiku

نائٽ گاؤن

pajama

پاجامو

sari

ساڙي

skafu

منھن تي بدڻ وارو اسڪارف

kilemba

پڳڙي

burka

برقعو

kaftan

ڪفتان

abaya

عبايو

vazi la kuogelea

تيراڪي جو لباس

vazi la kiume la kuogelea

چڊي

kaptura

نيڪر

teitei

ٽريڪ سوٽ

aproni

اپرن

glavu

دستانا

kifungo

بٹڻ

glasi

چشمو

bangili

بريسليٹ

mkufu

هار

pete

مندي

herini

واليون

kofia

ٹوپي

kiango cha koti

کوٹ هينگر

kofia

ٹوپي

tai

ٹائي

zipu

زپ

kofia

هيلمٹ

kanda za suruali

بريسز

sare za shule

اسکول يونيفارم

sare

وردي

bibu

بارن لاءِ ڳِلي ۾ ٻَڌڻ وارو ڪپڙو

dummy

بارن جي چوسڻ واري ٽِل

nepi

ڪجو

seva
سرور

kabati la kuweka faili
فائلن جي الماري

kichapishaji
پرنٽر

kiwambo
مانيٽر

karatasi
ڪاغذ

dawati
ميز

kipanya
ماؤس

folda
فولڊر

kibodi
ڪِي بورڊ

pu cha kuweka karatasi chafu
ردي جي ٽوڪ

kompyuta
ڪمپيوٽر

kiti
ڪافي مگ

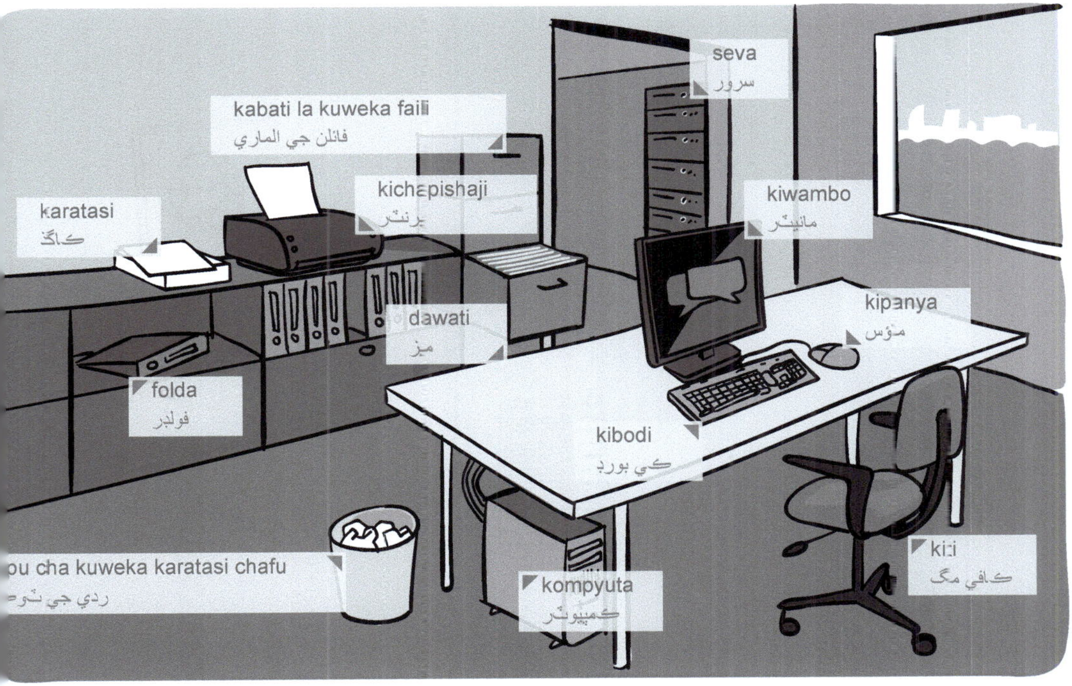

kmobe la kahawa

ڪافي مگ

kikokotoo

ڪيلڪيوليٽر

biashara

انٽرنيٽ

mbali

لیپ ٹاپ

barua

خط

ujumbe

پیغام

rununu

موبائل

intaneti

نیٹ ورک

fotokopia

فوٹو کاپی کرنٹ واری مشین

programu

سافٹ ویئر

simu

ٹیلی فون

soketi

پلگ ساکٹ

kipepesi

فیکس مشین

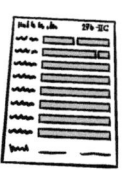

fomu

فارم

hati

دستاویز

kununua

خرید کرنا

kulipa

ادا کرنا

biashara

صاف کرنا

fedha

پیسا

dola

ڈالر

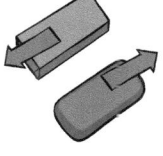 

yuro

يورو

JPY

yeni

ين

RUB

rouble

روبل

CHF

faranga ya Uswisi

سوئس فرانک

CNY

renminbi yuan

رینمینبی یوآن

INR

rupia

روپیہ

eneo la kul pia

کیش پوائنٹ

ofisi ya ubadilishanaji

رقم تبدیل کرائٹ جی آفیس

dhahabu

سون

fedha

چاندي

mafuta

خام تیل

nishati

توانائي

bei

قیمت

mkataba

معاهدو

kodi

ٹیکس

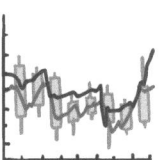

bidhaa

ذخیرو

kazi

کم کرڻ

mfanyakazi

ملازم

mwajiri

اجر

kiwanda

فیکٽري

duka

دکان

kazi
پیشو

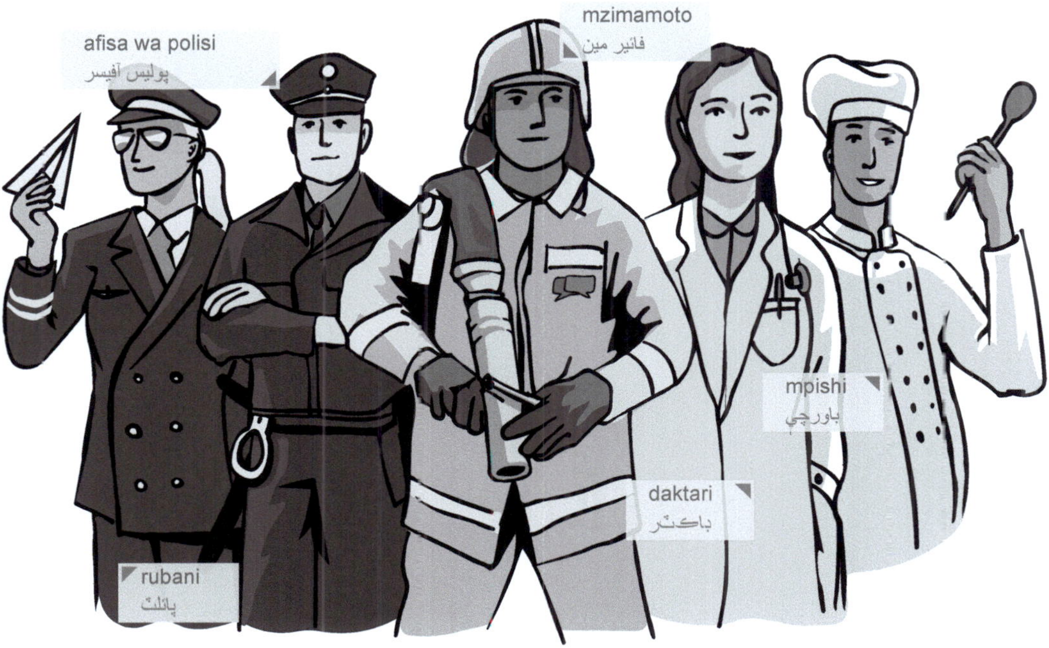
mzimamoto
فائیر مین
afisa wa polisi
پولیس آفیسر
mpishi
باورچي
daktari
ډاکټر
rubani
پائلټ

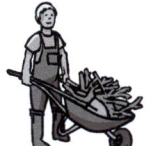

mtunza bustani
....
مالي

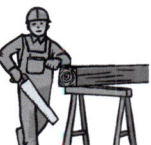

seremala
....
وادو

mshonaji
....
درزن

hakimu
....
جج

mwanakemia
....
کیمیسټ

muigizaji
....
اداکار

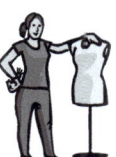

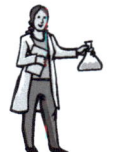

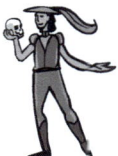

dereva wa basi

بس ڈرائیور

dereva wa teksi

ٹیکسی ڈرائیور

mvuvi

مچھی مار مارو

mwanamke wa kusafisha

صفائی کرن واري ماني

mwezekaji

چھت ٹھاھڻ وارو

mhudumu

ویٹر

mwindaji

شڪاري

mchoraji

رنگ ساز

mwokaji

نانوائي

umeme

الیکٹریشن

mjenzi

بلڈر

mhandisi

انجنيئر

mchinjaji

ڪاسائي

fundi bomba

پلمبر

mwanaposta

پوسٽ مین

mwanajeshi

سپاهي

msanifu majengo

آرکيٽيڪٽ

keshia

خزانچي

muuza maua

گل کپائڻ وارو

msusi

ناني

kondakta

کنڊيڪٽر

mekanika

مڪينڪ

nahodha

ڪپتان

daktari wa meno

ڊينٽسٽ

mwanasayansi

سائنسدان

rabbi

يهودي عالم

imamu

امام

mtawa

راهب

kasisi

پادري

zana

اوزار

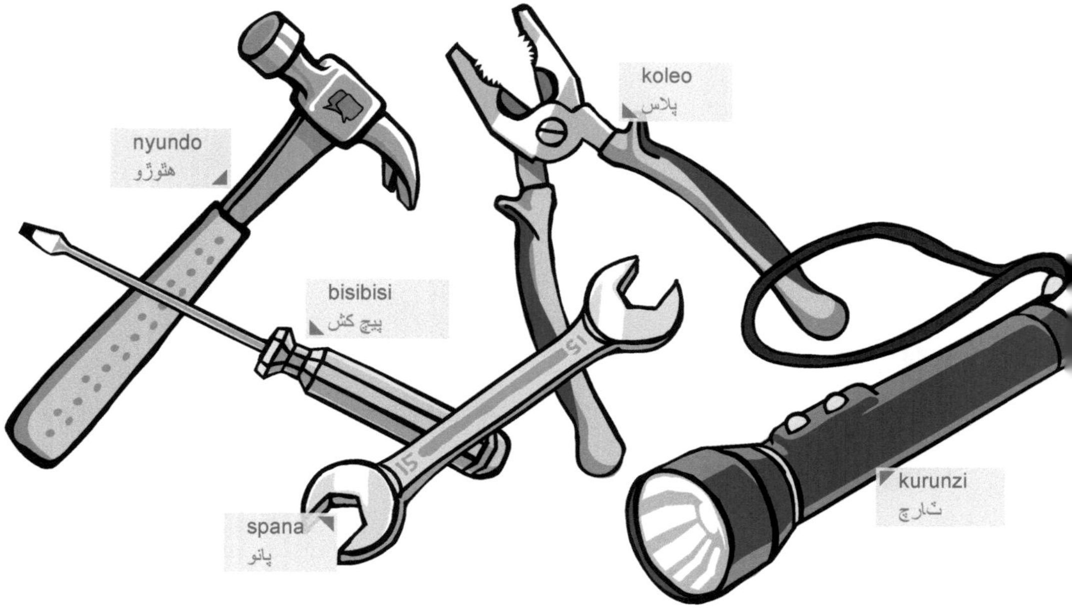

nyundo
ھٿوڙو
koleo
پلاس
bisibisi
پيچ ڪش
spana
پانو
kurunzi
ٽارچ

mchimbaji

ايڪسڪويٽر

sanduku la vifaa

ٽول باڪس

ngazi

ڏاڪڻ

msumeno

آري

misumari

ڪوڪو

kuchimba visima

ڊرل

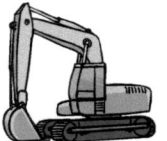

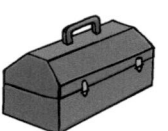

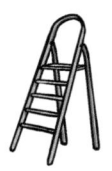

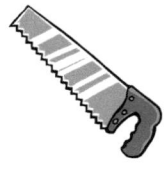

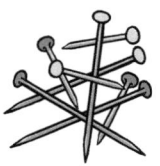

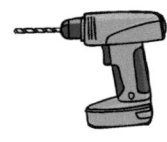

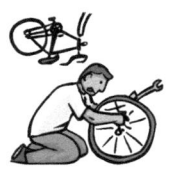

kukarabati

مرمت ڪرڻ

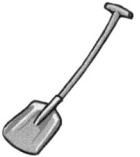

sepetu

بيلچو

Lo!

لعنت هجي!

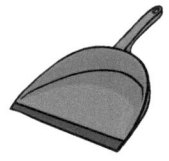

kishikio cha uchafu

ڪچري دان

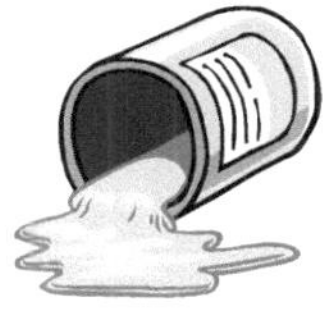

chungu cha rangi

پينٽ وارو دٻو

skurubu

پيچ

ala za muziki

موسيقي جا اوزار

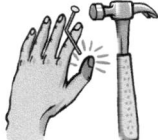

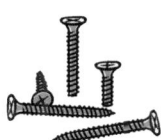

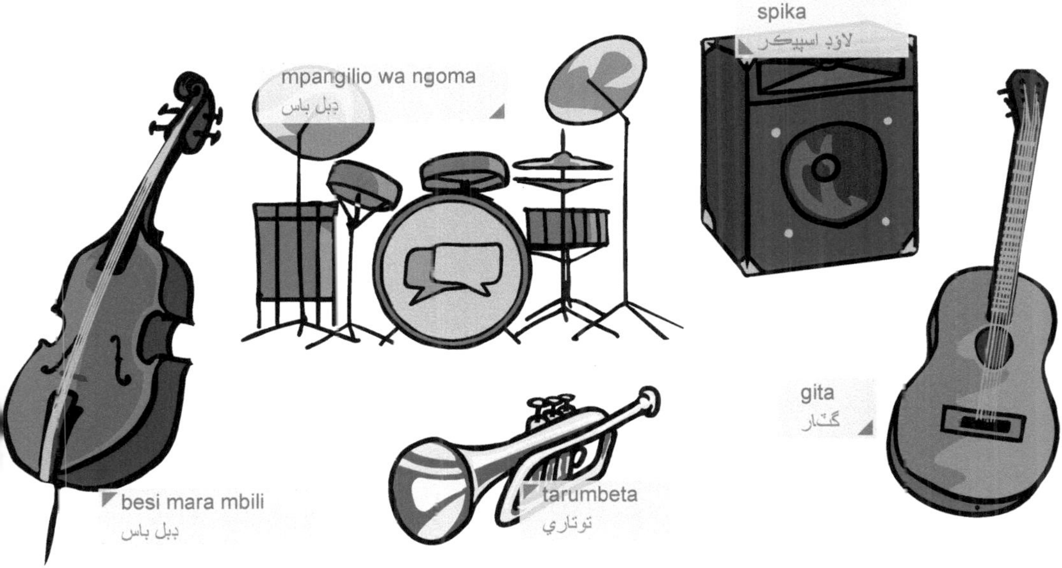
spika
لاؤڊ اسپيڪر
mpangilio wa ngoma
ڊبل باس
gita
گٽار
besi mara mbili
ڊبل باس
tarumbeta
توتاري

piano

پیانو

fidla

وائلن

ubeji

گٹار

timpani

ٹّمپانی

ngoma

درم

kibodi

کي بورڈ

saksafoni

سیکوفون

filimbi

بانسري

maikrofoni

مائیکروفون

bustani ya wanyama

چڙيا گھر

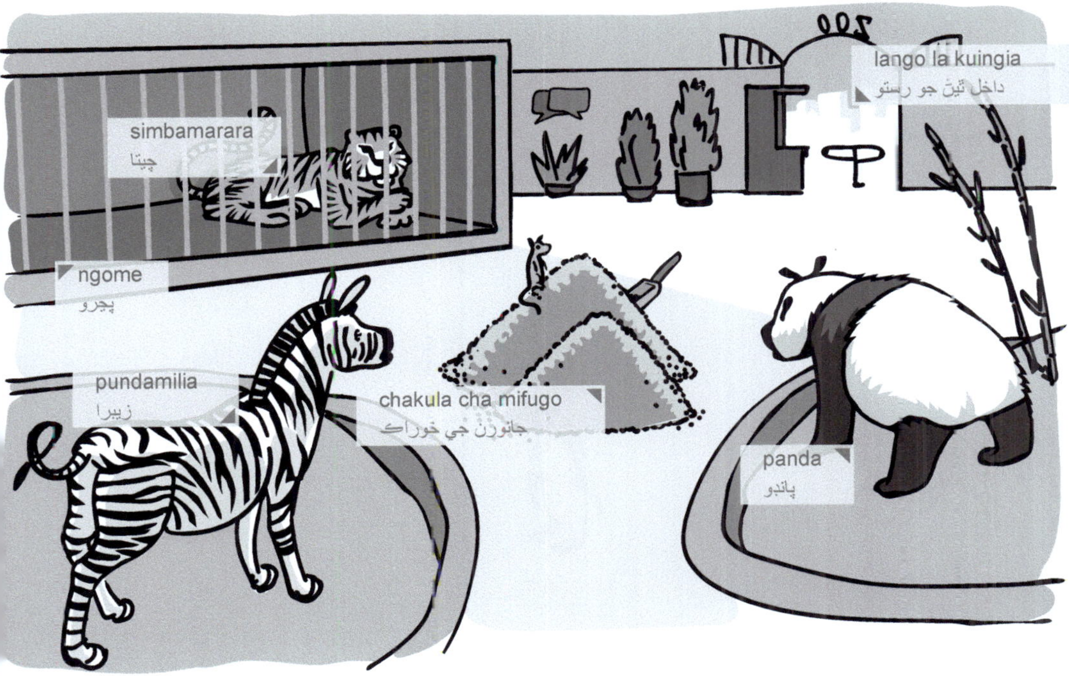

lango la kuingia
داخل ٿيڻ جو رستو
simbamarara
چيتا
ngome
پڃرو
pundamilia
زيبرا
chakula cha mifugo
جانورن جي خوراڪ
panda
پانڊو

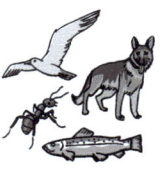

wanyama

جانور

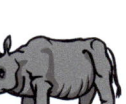

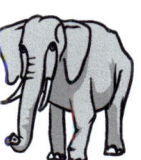

tembo

هاٿي

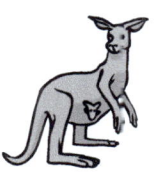

kangaruu

ڪينگرو

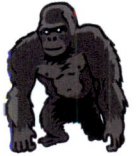

kifaru

گينڊو

sokwe

گوريلو

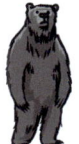

dubu

رڇ

ngamia

اونٹ

mbuni

شتر مرغ

simba

شينهن

tumbili

بولڑو

heroe

فليمنگو

kasuku

طوطو

dubu

برفاني ريچ

penguini

كبوتر

papa

شارك

tausi

مور

nyoka

نانگ

mamba

واگهون

mtunza wanyama

چڑيا گھر جو محافظ

muhuri

گوج مڇي

jaguar

چيتو

mwanafarasi

نٹؤن

chui

چيتو

kiboko

درياٸي گهوڑو

twiga

چرراف

tai

باز

nguruwe mwitu

سوئر

samaki

مڇي

kobe

كمي

sili

سامونبدي گهوڑو

mbweha

لوومڙي

paa

هرڻ

soka ya marekani
آمریکن فوتبال

uendeshaji baiskeli
سائكلنگ

tenisi
ٹینس

mpira wa kikapu
باسكٹ بال

kuogelea
تیراكی

ndondi
باكسنگ

magongo ya barafuni
آئس هاكي

soka

فوتبال

vinyoya

بیڈمنٹن

riadha

ایتهلیٹكس

mpira wa mikono

هینڈ بال

skii

اسكیننگ

polo

پولو

cheka
کلش

kuruka
ٹپوٺينش

kumbatia
ياکر پاٺش

kutembea
ٹلش

kuimba
گانو گاٺش

ota ndoto
خوب ڏسش

kuomba
دعا کرش

busu
چمي ڏينش

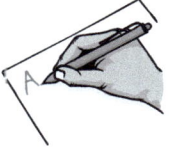

kuandika

لکش

kuteka

تصوير کشي کرش

angalia

ڏيکارش

sukuma

ڌکو ڏينش

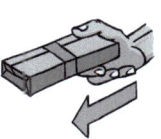

kutoa

ڏينش

kuchukua

وٺش

kuwa

ركڻ

fanya

كرڻ

kuwa

ٿيڻ

kusimama

بيهڻ

kukimbia

ڀڄڻ

vuta

ڇڪڻ

kutupa

اڇلائڻ

kuanguka

كرڻ

hadaa

كوڙ ڳالهائڻ

kusubiri

انتظار كرڻ

kubeba

كٽي وڃڻ

kukaa

ويهڻ

vaa nguo

تيار ٿيڻ

usingizi

سمهڻ

kuamka

جاڳڻ

kuangalia

ڏسڻ

lia

روئڻ

kiharus

ڏک ھٿ

chana nywele

کنگي کرڻ

ongea

ڳالهائڻ

kuelewa

سمجھڻ

kuuliza

پڇڻ

kusikiliza

ٻڌڻ

kunywa

پيئڻ

kula

کائڻ

nadhifisha

صاف کرڻ

upendo

پيار کرڻ

mpishi

پچائڻ

gari

گاڏي هلائڻ

kuruka

اڏرڻ

meli

بحري سفر ڪرڻ

kokotoa

حساب ڪرڻ

kusoma

پڙهڻ

kujifunza

سکڻ

kazi

ڪم ڪرڻ

kuoa

شادي ڪرڻ

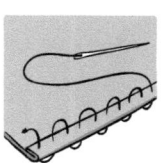

kushona

سيڻ

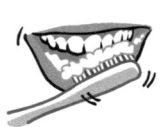

piga mswaki

ڏندن کي برش ڪرڻ

kuua

قتل ڪرڻ

moshi

سگريٽ پيئڻ

kutuma

موڪلڻ

bibi
ڈاڈي يا نانی

babu
ڈاڈو يا نانو

baba
پي

mama
ماءُ

mtoto
بار

binti
ٹی

bin
پت

mgeni

مهمان

shangazi

چاچي

mjomba

چاچو

kaka

پاءُ

dada

بہن

paji la uso
پیشانی

jicho
اک

bega
کلھو

kidole
اگر

uso
منھن

kidevu
کاٹي

mkono
ھٹ

matiti
چاتي

mguu
ٹنگ

mkono
ٻانھن

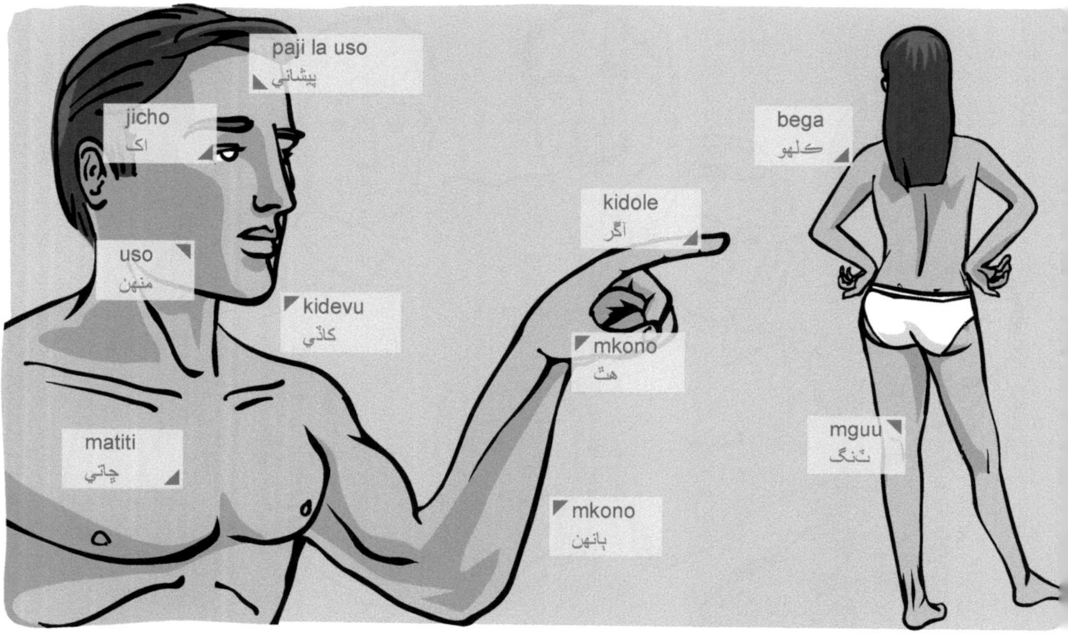

mtoto

ٻار

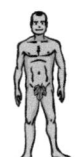

mwanamume

ماٹھون

mwanamke

عورت

msichana

چوکري

mvulana

چوکرو

kichwa

مٿو

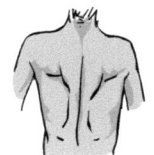

nyuma

پٺي

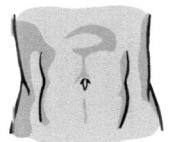

tumbo

پيٽ

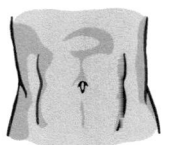

kitovu

دن

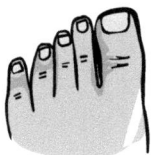

chano

پيرجو آڱوٺو

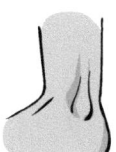

kisigino

ڪڙي

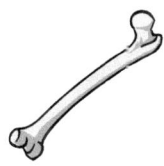

mfupa

هڏي

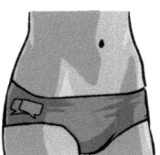

nyonga

پٻدڻ

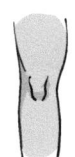

goti

گوڏو

kiwiko

ٻونٺ

pua

نڪ

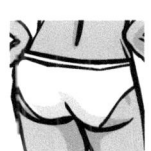

chini

هيٺيون حصو

ngozi

کل

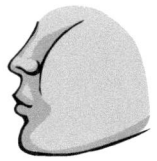

shavu

ڳل

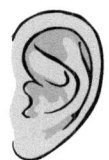

sikio

ڪن

mdomo

چپ

kinywa

واتؕ

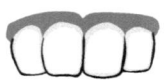

jino

ڈند

ulimi

زبان

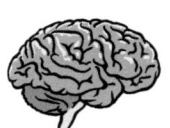

ubongo

دماغ

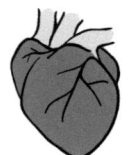

moyo

دل

misuli

ٹورو

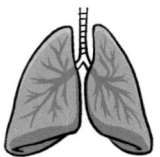

pafu

پھڑ

ini

جگر

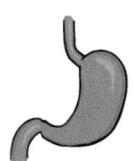

tumbo

معدو

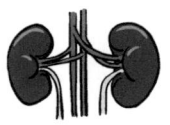

figo

گردا

jinsia

جماع کرݨ

kondomu

کنڈوم

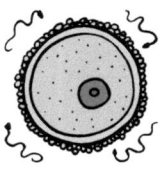

ovari

بیضہ

shahawa

منی

mimba

حمل

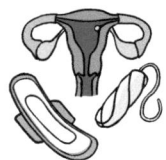

hedhi

حيض

uke

پڇيداني جي نالي

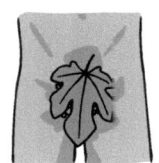

uume

مردانو مخصوص عضوو

unyusi

پرون

nywele

وار

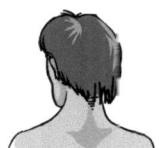

shingo

ڳچي

hospitali

اسپتال

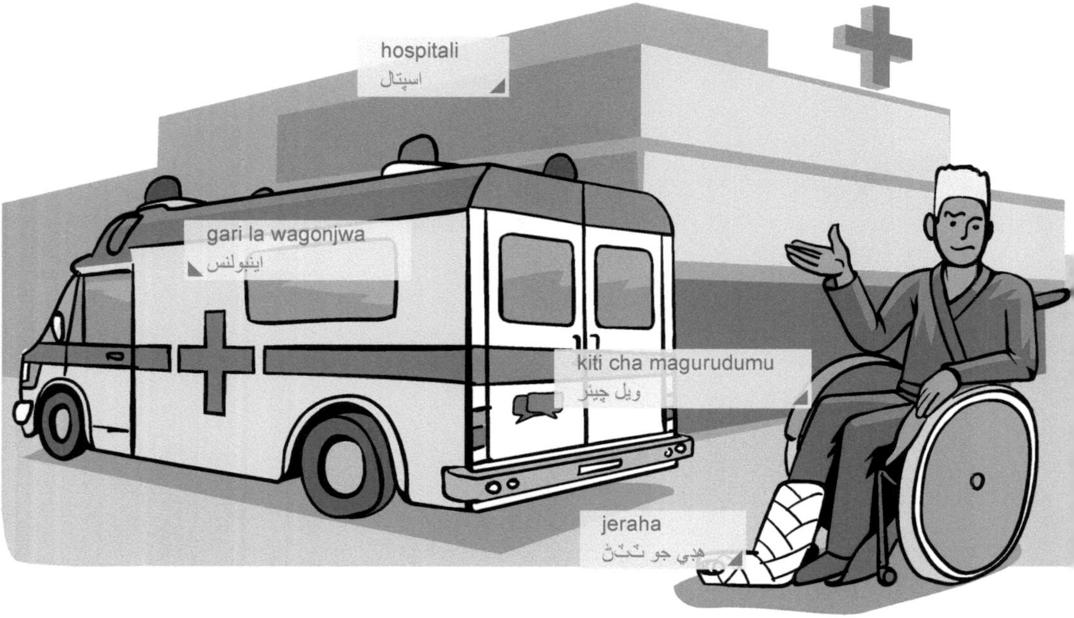

hospitali
اسپتال
gari la wagonjwa
اينبولنس
kiti cha magurudumu
ويل چيئر
jeraha
هڏي جو ٽٽڻ

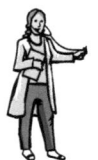

daktari

ڊاڪٽر

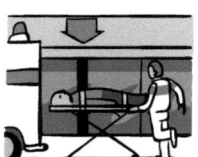

chumba cha dharura

هنگامي ڪمرو

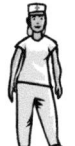

muuguzi

نرس

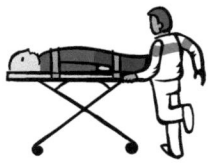

dharura

ايڪسري

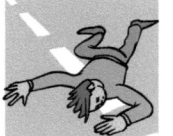

kupoteza fahamu

بيهوش

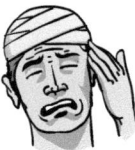

maumivu

سور

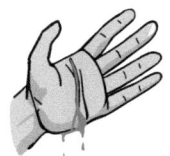

kuumia

زخم

kutokwa na damu

رت وهڼ

mshtuko wa ɲoyo

نل جو دورو

kiharusi

فالج

mzio

الرجي

kikohozi

كنگهه

homa

بخار

mafua

زكام

kuharisha

دست

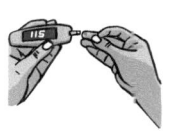

maumivu ya kichwa

مٿي جو سور

kansa

كينسر

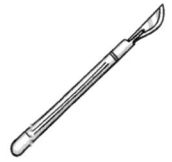

ugonjwa wa kisukari

ذيابيطس

daktari mpasuaji

سرجن

kisu kidogo cha kupasulia

جراحي بليد

operesheni

أپريشن

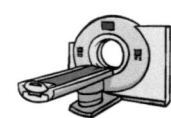

picha changanufu ya mwili

سي ٹي

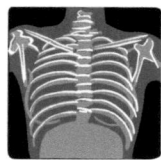

Eksrei

ایکسری

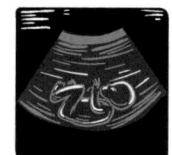

mawimbi sauti

الٹراساونڈ

barakoa ya uso

منهن جي ماسڪ

ugonjwa

بیماري

chumba cha kusubiri

انتظار ڪرڻ جو ڪمرو

mkongojo

بیساکھی

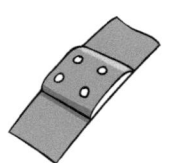

plasta

پالاسٹر

bendeji

پٹي

sindano

انجيڪشن

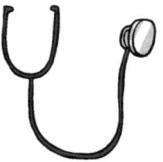

stetoskopu

اسٹیٹھوسکوپ

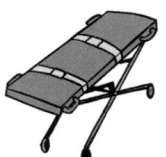

machela

اسٹریچر

kipimajoto cha kliniki

ٹرماميٹر

kuzaliwa

پیدائش

unene kupita kiasi

موٹاپو

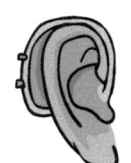

kusikia misaada

سنوبيد واري ڈنّہ

kipukusi

جراثيم كش

maambuk zi

انفيكشن

virusi

وائرس

VVU / UKIMWI

ايچ آئ وي / ايڈز

dawa

دوا

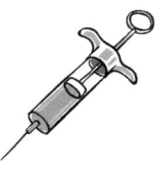

chanjo

ویکسینیشن

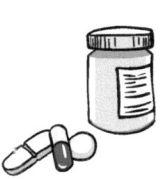

vidonge

گكّى

kidonge

گولي

simu ya dharura

ہنگامي كال

hae modainamometa

بلڈ پریشر مانيٹر

mgonjwa / mwenye afya

بيمار / صحت

Msaada!

مدد

kengele

الارم

pigo

جسماني حملو ڪرڻ

shambulizi

حملو ڪرڻ

hatari

خطره

lango la dharura

هنگامي حالت ۾ نڪرڻ جو رستو

Moto!

باھ

kizima moto

باھ وسائڻ جو اوزار

ajali

حادثو

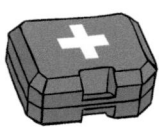

vifaa vya huduma ya
kwanza

ابتدائي طبي امداد

wito wa msaada

ايس او ايس

polisi

پوليس

Ulaya

یورپ

Amerika ya Kaskazini

اتر آمریکا

Amerika ya Kusini

ڈکن آمریکا

Afrika

أفریقا

Asia

ایشیا

Australia

أسٹریلیا

Atlantiki

اٹلانٹک

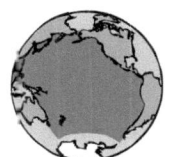

Pasifiki

پیسفک

Bahari ya Hindi

بحر ہند

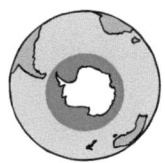

Bahari ya Antaktiki

انٹارکٹک سمندر

Bahari ya Aktiki

آرکٹک سمندر

Ncha ya Kaskazini

اتر قطب

Ncha ya Kusini

ذَكِرُ قطب

Antaktika

انٹارکٹیکا

dunia

زمین

nchi

زمین

bahari

سمندر

kisiwa

جزیرو

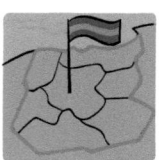

taifa

قوم

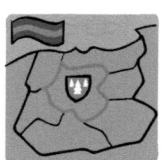

jimbo

ریاست

uso wa saa

وسحٰ نوهماس جو زّهگ

akrabu ya saa

ينوس يراو كلاك

akrabu ya dakika

ينوس يراو تنم

akrabu ya sekunde

ينوس يراو ندنكيس

Ni saa ngapi?

؟يهآ ئيٹو گهٹ منائٹ

siku

نهنيد

wakati

تقو

sasa

ئٹاه

saa ya dijitali

گهٹّري لٹيجِ

dakika

تنم

saa

كلاك

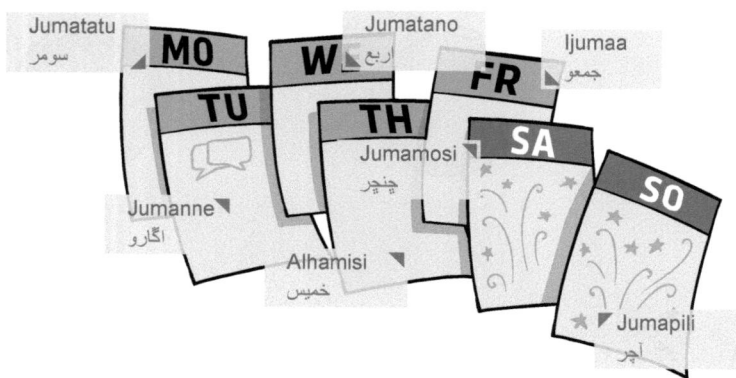

Jumatatu سومر MO
Jumatano اربع W
Ijumaa جمعو FR
TU
TH
Jumamosi چنجر SA
Jumanne اگارو
Alhamisi خميس
SO
Jumapili آچر

jana

كله

leo

اج

kesho

سباتي

asubuhi

صبح

saa sita mchana

منجهند

jioni

شام

MO	TU	WE	TH	FR	SA	SU
1	2	3	4	5	6	7
8	9	10	11	12	13	14
15	16	17	18	19	20	21
22	23	24	25	26	27	28
29	30	31	1	2	3	4

siku za biashara

كاروباري ڈينهن

MO	TU	WE	TH	FR	SA	SU
1	2	3	4	5	6	7
8	9	10	11	12	13	14
15	16	17	18	19	20	21
22	23	24	25	26	27	28
29	30	31	1	2	3	4

mwishoni mwa wiki

هفتي جو آخر

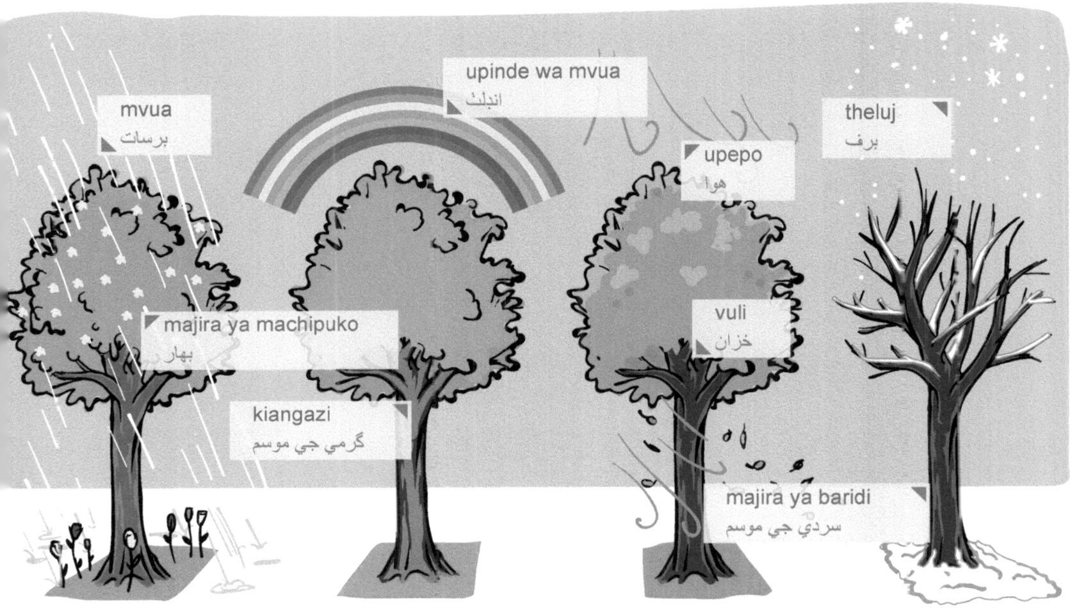

mvua
برسات

upinde wa mvua
اندلٺ

theluj
برف

upepo
ہوا

majira ya machipuko
بہار

kiangazi
گرمي جي موسم

vuli
خزان

majira ya baridi
سردي جي موسم

utabiri wa hali ya hewa

موسم جي پيشنگوھي

kipimajoto

ٿرماميٽر

mwanga wa jua

اس

wingu

بادل

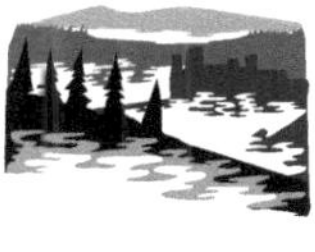

ukungu

ڌنڌ

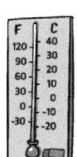

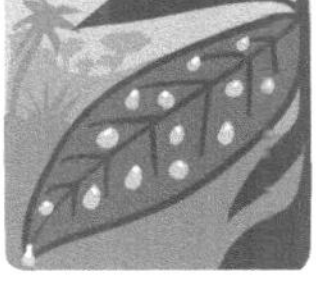

unyevu

نمي

umeme

آسماني بجلي

radi

ٹّرمامينّر

dhoruba

طوفان

mvua ya mawe

ڳّڙڻ جو مينهن

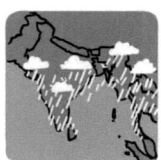

monsuni

مون سون

mafuriko

ٻوڏ

barafu

برف

Januari

جنوري

Februari

فيبروري

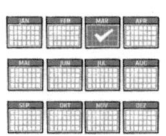

Machi

مارچ

Aprili

اپريل

Mei

مئي

Juni

جون

Julai

جولائي

Agosti

آگسٹ

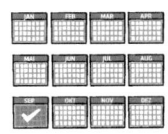

Septemba

سپتمبر

Oktoba

أكتوبر

Novemba

نومبر

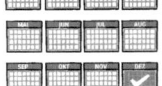

Desemba

ديسمبر

maumbo
شكلون

mduara

دائرو

mraba

چكور

mstatili

مستطيل

pembetatu

تـٔكندي

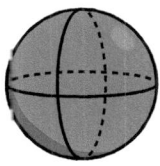

nyanja

كره

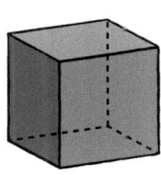

mchemraba

كعب

rangi

كلر

nyeupe

اڇو

manjano

پيلو

chungwa

نارنجي

rangi ya waridi

گلابي

nyekundu

گاڑھو

hudhurungi

جامني

bluu

نيرو

kijani

سائو

hanja

ناسي

jivujivu

پورو

nyeusi

كارو

84

rangi - كلر

mengi / kidogo

وورٹھ / گھٹ

hasira / pole

پرسکون / ناراض

nzuri / mbaya

خوبصورت / بدصورت

mwanzo / mwisho

شروعات / ختم

kubwa / ndogo

وڈو / نیو

angavu / giza

روشني / اونده

kaka / dada

بھن / بھائي

safi / chafu

صاف / خراب

kamilika / tokamilika

مکمل / نا مکمل

siku / usiku

ڈینهن / رات

wafu / hai

مرده / زنده

pana / nyembamba

پگھو / تنگ

kulika / kutolika

كائٽ قابل نه هجڻ / كائٽ جي قابل هجن

ovu / ema

برو / سٺو

sisimkwa / udhika

پرجوش / بوريت جوشكار

nene / nyembamba

موٹو / پتلو

kwanza / mwisho

پهريون / آخري

rafiki / adui

دوست / دشمن

jaa / tupu

پريل / خالي

ngumu / laini

سخت / نرم

nzito / nyepesi

ڳرو / هلكو

njaa / kiu

بک / اڃ

mgonjwa / mwenye afya

بيمار / صحت

haramu / kisheria

غيرقانوني / قانوني

akili / kijinga

عقلمند / بيوقوف

kushoto / kulia

سڌو / ابتو

karibu / mbali

ويجهي / پري

mpya / kutumika

نئون / استعمال ٹیل

kitu / jambo

کجہ بہ نہ / کجہ

zee / changa

پوڑھو / نوجوان

waka / zima

آن / آف

wazi / fungwa

کلیل / بند

utulivu / kelele

خاموش / بلند آواز سان

tajiri / masikini

امیر / غریب

sahihi / kosa

صحیح / غلط

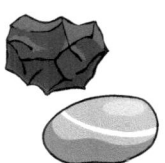

mbaya / laini

کھورو / لسو

huzunika / furahia

غمگین / خوش

fupi /ndefu

مختصر / بگھو

polepole / haraka

آهسته / تیز

nyevu / kavu

آلو / سکل

joto / baridi

گرم / ٹنڈو

vita / amani

جنگ / امن

0

sufuri

زيرو

1

moja

هڪ

2

mbili

ٻه

3

tatu

ٽي

4

nne

چار

5

tano

پنج

6

sita

ڇه

7

saba

ست

8

nane

اٺ

9

tisa

نَوَ

10

kumi

ڏه

11

kumi na moja

يارهن

12

kumi na mbili

پاره‌ن

13

kumi na tatu

تێره‌ن

14

kumi na ɾne

چوڎه‌ن

15

kumi na tano

پندره‌ن

16

kumi na sita

سوره‌ن

17

kumi na sɛba

سترهن

18

kumi na nane

ئارّه‌ن

19

kumi na tisa

ئوتّویه‌

20

ishirini

ویه

100

mia

سو

1.000

elfu

هزار

1.000.000

milioni

کل هّ‌ڎ

Kiingereza

انگریزي

Kiingereza cha Marekani

آمريكي انگريزي

Kimandarini cha Uchina

چيني ميندبارن

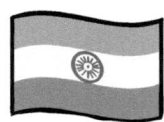

Kihindi

هندي

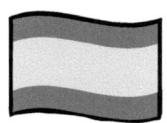

Kihispania

اندلسي بولي

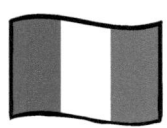

Kifaransa

فرانسيسي

Kiarabu

عربي

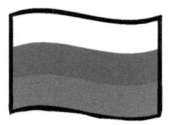

Kirusi

روسي

Kireno

پرتگالي

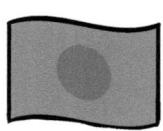

Kibengali

بنگالي

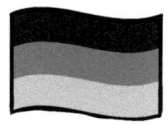

Kijerumani

جرمن

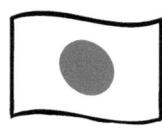

Kijapani

جاپاني

mimi

مان

wewe

توَن

yeye / yeye / ni

هي چوكري/ هي چوكرو / هو

sisi

اسان

wewe

توَن

wao

هو

nani?

كير؟

nini?

چا؟

jinsi gani?

كيئن

wapi?

كٿي؟

lini?

كذْنهن؟

jina

نالو

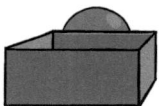

nyuma

پويان

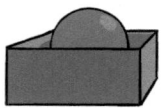

katika

mbele ya

جي سامهون

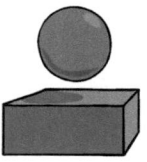

juu ya

مَّتِي

kwenye

تي

chini ya

هيٺ

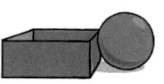

kando

گڏ

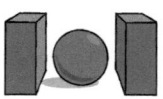

kati

وچ ۾

mahali

جڳھ